Ein Wort zuvor

Frische Gemüsepflan
sammeln und schmac
Menschen, die der üb
sig geworden sind. D
paß« soll Ihnen das n
Hobby vermitteln.

Wir leben zwar im Überfluß und können uns Früchte aus aller Welt zu jeder Zeit kaufen, doch tun wir gut daran, uns heute wieder daran zu erinnern, daß viele Kräuter auf unseren Wiesen und Feldern, an Bächen und Waldrändern eine echte Bereicherung unseres täglichen Speisezettels darstellen können. Sie schmecken nicht nur herzhaft, sondern sind auch sehr gesund.

Besonders im Frühjahr braucht unser Organismus dringend eine Auffrischung durch Vitamine, Spurenelemente und Mineralien, und er benötigt Aktivatoren für den gesamten Stoffwechsel. All das liefern uns frische Wildgemüse und Wildsalate.

Die meisten Wildgemüse schmecken gut bis sehr gut, nur einige wenige sind etwas bitter oder herb, was auf die gesundheitsfördernden Inhaltsstoffe der Kräuter zurückzuführen ist. Doch Zunge und Gaumen gewöhnen sich sehr schnell daran, und bald möchte man gerade auf diese Eigenart nicht mehr verzichten.

Dieser »Wildgemüse-Kompaß« kann natürlich nur eine Auswahl aus der großen Zahl der Pflanzen enthalten, die zum Verzehr als Suppe, Salat, Gemüse oder Gewürz geeignet sind. So eine Auswahl muß notwendigerweise subjektiv sein, doch erfolgte sie nach Gesichtspunkten, die mir persönlich als die wichtigsten erscheinen: ihr kulinarischer Wert, ihr Nutzen für die Gesundheit und nicht zuletzt ihre Verbreitung in den einheimischen Wäldern und Fluren. Wer darüber hinaus bereits über Erfahrungen im Sammeln von Wildgemüse verfügt, wird sein Salat- und Gemüsekraut vielleicht in Verbindung mit einigen Neu-Entdeckungen aus diesem Buch verwenden, oder, angeregt durch die vielen Grund- und Spezialrezepte für Gemüse, Salate und Suppen, neue Zubereitungsarten ausprobieren.

In seiner Knappheit und Übersichtlichkeit ist dieser Kompaß ein verläßlicher Ratgeber für alle diejenigen, die sich der

Fülle der Salat- und Gemüsekräuter aus der freien Natur bed nen wollen, denn wer nicht gerade an viel befahrenen Straßen und an umweltverschmutzten Stellen sammelt, findet hier bio logisch reines Gemüse und ungespritzte Salate. Der »Wildgemüse-Kompaß« paßt in jede Jacken- oder Hosentasche und sollte daher bei jeder Wanderung und jedem Spaziergang dab sein.

Mannfried Pahl

Der Autor

Apotheker Mannfried Pahlow, Jahrgang 1926, studierte in Braunschweig Pharmazie. Nach dem Staatsexamen arbeitete e als Stadt- und Landapotheker, heute ist er Inhaber einer Apotheke in Bogen an der Donau. Mannfried Pahlow verfaßte Fachbücher für Apotheker-Praktikanten und populäre Heilpflanzen-Ratgeber, wie »Das große Buch der Heilpflanzen« und den »Heilpflanzen-Kompaß«, beide bei Gräfe und Unzer erschienen.

Wildgemüse, der Gesundheit zuliebe

Es wird immer wieder darauf hingewiesen, daß Wildgemüse besonders gesund sind. Alle, die sie bereits probiert haben, wi sen das, sie haben erfahren, wie wohl sie sich nach dem wiederholten Genuß von Wildgemüsesalaten oder Wildgemüsesuppe fühlen. Skeptiker hingegen meinen, das sei Übertreibung.

Hier eine sachliche Information zur Klärung der Angelegenheit

Wildgemüse unterscheiden sich von Kulturpflanzen dadurch, daß sie nicht als milde, zarte Salatkräuter oder Gemüsesorten gezüchtet werden. Sie sind also unveredelt und enthalten dahe auch Stoffe, die den handelsüblichen Salat- und Gemüsepflanzen oftmals fehlen. Dazu gehören zum Beispiel Bitterstoffe ur aromatisch bittere Substanzen. Diese Stoffe sind auch in vieler bewährten Heilpflanzen enthalten. Sie regen die Magensaftsekretion an, rufen gesunden Appetit hervor, fördern die Verdauung der Speisen und wirken darüber hinaus ganz allgemeir wohltuend tonisierend (belebend). Auch im Darm und in der Leber werden die aromatischen Bitterstoffe aktiv, sie fördern die Gallebildung in der Leber und beeinflussen den Galleabflu günstig. Dadurch wird der gesamte Körperstoffwechsel, auch

der Stuhlgang, reguliert. Nicht zu vergessen sind die zahlreichen Vitamine, die lebensnotwendigen Mineralstoffe und die Spurenelemente, die in Wildgemüsepflanzen in reichlichem Maß enthalten sind. Kein angebautes Gemüse und kein Treibhaussalat verfügt über eine solche Vielfalt an all diesen Stoffen. Zahlreiche, hier nicht näher genannte Begleitstoffe runden das Bild ab. Ganz besonders wichtig ist der Gehalt der Wildgemüse an unverdaubaren Faser- und Schlackenstoffen, die die moderne Wissenschaft als gesundheitsfördernd erkannt hat. Auch hierin sind sie den gezogenen Gemüsen überlegen.
Nicht das viel zitierte Vitamin C macht also allein den Nutzen der Wildgemüsekräuter für unsere Gesundheit aus, sondern das harmonische Zusammenspiel ihrer unzähligen wertvollen Inhaltsstoffe.

Wildgemüse-Register

Birke

Besenbirke, Frühlingsbaum, Hängebirke, Maibaum, Moorbirke, Weißbirke. *Betula pendula.*

Verwendete Pflanzenteile: junge Blätter. **Beschreibung:** Verwendung finden alle Birken, sowohl die größere Hängebirke als auch die Moorbirke; leicht am weißen Stamm zu erkennen; in Wäldern, Heiden, Mooren. **Erntezeit:** Mai oder Juni, wenn die Blätter 2–3 cm lang sind; je jünger die Birkenblätter, desto angenehmer sind sie im Geschmack. **Verwendung:** frische Birkenblätter, gemischt mit andern Wildkräutern, als schmackhafter Frühlingssalat oder allein als Gemüse (→ Seite 71 ff.). **Geschmack:** leicht herb und zusammenziehend. **Nutzen für die Gesundheit:** nierenfreundlich, entwässernd, »blutreinigend«.

Gemüse · Salat **12**

Gebrauchsanleitung

Welche Informationen bietet der Wildgemüse-Kompaß? Im **Wildgemüse-Register** (Seite 3–5) finden Sie den deutschen, viele volkstümliche und den botanischen Namen der beschriebenen Pflanzen.
Auf den Seiten 7 bis 60 folgen **54 Pflanzenportraits** in der alphabetischen Reihenfolge ihrer deutschen Namen. Bei den Pflanzenfotos haben wir uns bemüht, die Pflanze in dem Zustand zu zeigen, in dem sie geerntet werden sollte (zum Beispiel Löwenzahn vor der Blüte), also meist in jungem, zartem Alter. Pflanzen, die in diesem Alter nur schwer zu erkennen sind, haben wir mit Blüte dargestellt, um ihre Bestimmung zu erleichtern. Dadurch lernen Sie die Pflanze besser kennen und werden sie später an ihrem Standort leicht ausfindig machen. Verwechslungen mit ungenießbaren oder giftigen Pflanzen sind nicht zu befürchten, wenn Sie sich an die Fotos und Steckbrieftexte halten. Der Pflanzensteckbrief enthält alles Wissenswerte in Kurzform: Der bekannteste deutsche Name, viele Volksnamen, darunter die in Österreich und der Schweiz gebräuchlichen, sowie die botanische (lateinische) Bezeichnung der Pflanze sind hier angegeben. Die Symbole zeigen Ihnen, welchen Teil der Pflanze Sie in der Küche verwenden können. Ergänzende Angaben dazu finden Sie unter dem Stichwort »Verwendete Pflanzenteile«. Über Aussehen und Vorkommen (»Beschreibung«), Erntezeit, Verwendung in der Küche, Geschmack und Nutzen für die Gesundheit wird hier ebenfalls in knapper Form berichtet. In dem farbigen Balken am Fuß der Seite befinden sich Hinweise auf die wichtigsten Zubereitungsarten der betreffenden Pflanze.
In der **kleinen Pflanzenkunde** auf den Seiten 61 bis 63 findet der Sammler botanische Grundbegriffe. Die Tabelle **Wildgemüse-Sammelkalender** (Seite 64–69) gibt in übersichtlicher Form eine Zusammenfassung der wichtigsten Informationen wieder. Darauf folgen auf Seite 70 **wichtige Sammeltips.**
Mit Hilfe der **Grundrezepte und Küchentips** (Seite 70–74) für die Zubereitung und – wenn nötig – die Geschmacksverbesserung einzelner Wildgemüse kann nicht nur die erfahrene Hausfrau aus Wildgemüsepflanzen schmackhafte Suppen, Salate und Gemüse bereiten, sondern auch jeder Anfänger kommt schnell und mühelos zum Erfolg. In den **Spezialrezepten** (Seite 74–79) findet der Wildgemüse-Liebhaber Anleitung für die besondere Verwertung einzelner Pflanzen.

Bärenklau

Bärenfuß, Bochele, Bullnklau, Kröpe
Sauchrut, Tuten. *Heracleum sphondyl*

Verwendete Pflanzenteile: Blätter, als stielen. **Beschreibung:** 1–2 m hohes, boı gewächs auf Wiesen und an Wegrändern bis gefiedert, die unteren gestielt; die wei Doppeldolden angeordnet. **Erntezeit:** Frü **Verwendung:** ganz fein gehackte junge Blä se und Suppen; als Würze an Eierspeisen u te 73 f.). **Geschmack:** mild, würzig. **Nutzen** verdauungsfördernd.

Suppe · Gemüse · Gewürz

Bärl
Judenz
Zigeun
Verwe
schen z
kleinen
Blüten;
feuchte
im Park
Mai und
dort, w
(→ Sei
Gesun
Ge

Bein
Biene
kraut
Verw
bung
viol
Pfla
der
me
St
ur
fü
F

Bitteres Schaumkraut

Bitterkresse, Bittersalat, Wiesenbitter.
Cardamine amara.

Verwendete Pflanzenteile: frische Blätter oder ganz junge Pflanzen. **Beschreibung:** dem Wiesenschaumkraut (→ Seite 59) sehr ähnlich, unterscheidet sich durch purpurviolette Staubgefäße und größere (derbere) Blüten und Blätter; bevorzugt sumpfige Waldstellen, Gräben, Quellen, blüht April bis Mai. **Erntezeit:** März, April (Mai). **Verwendung:** mit anderen Kräutern als Frühlingssalat; sehr fein gehackt unter Weichkäse, kurz vor dem Servieren an Suppen und Eintöpfe (→ Seite 70 ff. und 74). **Geschmack:** aromatisch, scharf, bitter. **Nutzen für die Gesundheit:** Vitamin-C-Spender, »blutreinigend«.

Breitwegerich

Großer Wegerich, Heufresser, Lugiblacke, Tätsch, Wegebreit, Würstli. *Plantago major.*

Verwendete Pflanzenteile: junge Blätter. **Beschreibung:** Die Blätter bilden eine Rosette, sind breit-elliptisch und längsgerippt; der lange Blütenstand steht am Ende eines relativ kurzen, blattlosen Stengels; sehr häufige Pflanze auf Brachland, Feldwegen und trockenen Wiesen. **Erntezeit:** April–Juni. **Verwendung:** Die frischen Blätter ergeben einen gesunden und wohlschmeckenden Salat; auch als Würze für Suppen und als Gemüse geeignet (→ Seite 71 ff.). **Geschmack:** mild bis herb. **Nutzen für die Gesundheit:** reich an Vitaminen und Mineralstoffen, magen- und darmfreundlich.

Brombeere

Bramel, Frombeere, Hirschbollen, Kroatzbeere, Moren, Schwarze Haubeere. *Rubus fruticosus.*

Verwendete Pflanzenteile: junge Blätter. **Beschreibung:** Dorniger Strauch; aus weißen Blüten entwickeln sich die blauschwarzen Brombeeren; an sonnigen Abhängen, Wegrändern, Waldrändern und auf Schuttplätzen; bildet gelegentlich ein undurchdringbares stacheliges Gestrüpp. **Erntezeit:** Frühjahr. **Verwendung:** als Gemüse, wie Spinat zubereitet; ganz junge Blätter als Salatbestandteil; fein gehackt unter Quark, vor dem Servieren an Suppen und Eintöpfe (→ Seite 71 ff. und 75). **Geschmack:** herb, leicht zusammenziehend. **Nutzen für die Gesundheit:** reich an Vitaminen und Mineralstoffen.

Brunnenkresse

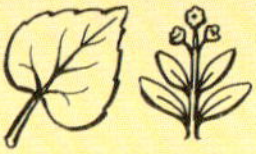

Bachbitterkraut, Bitterkresse, Kersche, Wasserkresse, Wassersenf. *Nasturtium officinale.*

Verwendete Pflanzenteile: Blätter, auch das ganze Kraut. **Beschreibung:** Die fleischigen Blätter sind unten ein- bis dreizählig, oben fünf- bis neunlappig; Blüten weiß mit gelben Staubbeuteln; häufige Pflanze an und in sauberen, langsam fließenden Quellen, Bächen, Flüssen und Gräben. **Erntezeit:** Frühjahr, doch das ganze Jahr hindurch möglich. **Verwendung:** als würziger Salat- und Gemüsebestandteil; gehackt unter Weichkäse, an Eintöpfe, Suppen und Eierspeisen (→ Seite 71 ff. und 75). **Geschmack:** aromatisch, scharf, bitter. **Nutzen für die Gesundheit:** reich an Mineralstoffen und Vitaminen, aktivierend für Leber und Galle, gegen Frühjahrsmüdigkeit.

Dost

Dorant, Echter Dosten, Wilder Majoran.
Origanum vulgare.

Verwendete Pflanzenteile: obere Teile des blühenden Krautes. **Beschreibung:** Stengel 20–50 cm hoch, oben verzweigt, rot überlaufen, gegenständige Blätter unterschiedlich groß, Blüten büschelig angeordnet, klein, rot bis rosarot; auf Kalk- und Kiesböden, an Böschungen, südlichen Waldrändern oder auf Wiesen. **Erntezeit:** Juni–August. **Verwendung:** getrocknet als aromatisches Gewürz für Pizza und fette Gerichte; frische junge Blätter als würziger Salatbestandteil (→ Seite 71 ff.). **Geschmack:** stark würzig. **Nutzen für die Gesundheit:** wegen der ätherischen Öle und der aromatischen Bitterstoffe appetitanregend und verdauungsfördernd.

Erdbeere

Besingkraut, Darmkraut, Erbel, Erbern, Flohbeere, Hafelsbeere, Walderdbeere. *Fragaria vesca.*

Verwendete Pflanzenteile: junge Blätter. **Beschreibung:** 8–15 cm hoch; Blätter dreigefingert, eiförmig und gezähnt; aus weißen Blüten entwickeln sich die roten Walderdbeeren; an Waldwegen, Waldrändern und auf Waldlichtungen zerstreut vorkommend, oft im Gras versteckt. **Erntezeit:** Frühjahr. **Verwendung:** als Gemüse, wie Spinat zubereitet; ganz junge Blätter als Salatbestandteil; fein gehackt unter Quark gemischt oder vor dem Servieren an Suppen und Eintöpfe (→ Seite 71 ff.). **Geschmack:** herb, leicht zusammenziehend. **Nutzen für die Gesundheit:** reich an Vitaminen und Mineralstoffen.

Gänseblümchen

Augenblümchen, Himmelsblume, Maiblume, Mondscheinblume, Mümmeli, Tausendschön.
Bellis perennis.

Verwendete Pflanzenteile: vor allem frische Rosettenblätter, auch Knospen und junge Blüten. **Beschreibung:** Aus einer Blattrosette entspringen blattlose Blütenstiele, die mit einem Blütenköpfchen aus weißen Strahlenblüten und gelben Scheibenblüten enden; häufige Pflanze auf Wiesen, in Gärten und Parks. **Erntezeit:** Mai–August. **Verwendung:** hervorragend als Gemüse, Suppe und Salat; fein gehackt unter Weichkäse und vor dem Servieren an Gemüsesuppen und Eintöpfe (→ Seite 70 ff.). **Geschmack:** angenehm, leicht herb. **Nutzen für die Gesundheit:** stoffwechselanregend.

Gänsefingerkraut

Anserine, Gänserich, Krampfkraut, Säukraut, Stierlichrut. *Potentilla anserina.*

Verwendete Pflanzenteile: frische Blätter. **Beschreibung:** Aus dem Wurzelstock entwickeln sich eine Rosette und kriechende Ausläufer, aus denen gestielte gelbe Blüten aufsteigen; häufig auf feuchtem, tonigem Boden, in Gräben, auf Wiesen, an Wegrändern. **Erntezeit:** Frühjahr, Sommer. **Verwendung:** eignet sich hervorragend für Gemüse, Suppen und Salate; fein gehackt an Weichkäse und vor dem Servieren an Gemüsesuppen und Eintöpfe (→ Seite 70 ff.). **Geschmack:** angenehm, etwas herb. **Nutzen für die Gesundheit:** stoffwechselanregend.

Giersch

Geißfuß, Gichtkraut, Hasenkraut, Salatdolde.
Aegopodium podagraria.

Verwendete Pflanzenteile: nicht zu alte Blätter. **Beschreibung:** Doppeldolde mit kleinen, weißen Blüten, gestielte Blätter doppelt dreizählig, Blättchen gezähnt; häufiges Doldengewächs an Gartenzäunen, schattigen Waldrändern, Gebüschen und in Auwäldern. **Erntezeit:** April–Juni. **Verwendung:** wegen der verhältnismäßig großen Blätter ergiebige Wildgemüsepflanze, zubereitet wie Spinat besonders schmackhaft, wenn man etwas Löwenzahn, Brennessel, Schafgarbe und Sauerampfer mit verarbeitet (→ Seite 73). **Geschmack:** angenehm säuerlich bis herb. **Nutzen für die Gesundheit:** verdauungsfördernd.

Große Brennessel

Donnernessel, Gichtrute, Nessel, Saunessel. *Urtica dioica.*

Verwendete Pflanzenteile: Blätter junger Pflanzen. **Beschreibung:** 30 cm bis über 1 m hoch, Blüten klein, unscheinbar; Blätter kreuzgegenständig angeordnet, länglich-eiförmig mit gesägtem Rand, ganze Pflanze mit Brennhaaren versehen; sehr häufiges Unkraut in der Nähe menschlicher Behausungen, in Gärten, an Zäunen, auf Schuttplätzen. **Erntezeit:** Mai–Juli. **Verwendung:** als Gemüse zubereitet wie Spinat, auch in Mischung mit anderen Wildkräutern; abgebrüht und fein gehackt als Salatbestandteil; an Suppen, Eintöpfe, Eierspeisen und Weichkäse (→ Seite 71 ff. und 75). **Geschmack:** angenehm, zart bitter; ungebrüht brennend. **Nutzen für die Gesundheit:** reich an Vitaminen, Mineral- und Faserstoffen.

Gundermann

Blauhuder, Erdefeu, Gundelrebe, Gunelreif, Huder, Zickelskräutlein. *Glechoma hederacea.*

Verwendete Pflanzenteile: junge Blätter. **Beschreibung:** niederliegender vierkantiger Stengel mit nieren- bis herzförmigen, gegenständigen Blättern, Blühtriebe aufstrebend, hellviolette Blüten in Blattachseln; häufiges Unkraut auf Brachland, in Gärten, auf Wiesen, an Wegrändern und Hecken auf feuchtem Boden. **Erntezeit:** März – Juli. **Verwendung:** mit anderen Wildkräutern (nicht zu reichlich dosieren!) als Frühlingssalat; fein gehackt als Würze an Suppen, Eintöpfe, Eierspeisen, Weichkäse (→ Seite 71 ff.). **Geschmack:** würzig-scharf. **Nutzen für die Gesundheit:** appetitanregend, reich an Mineralstoffen und Vitamin C.

Günsel

Gänsekraut, Gänseli, Kriechender Salat, Pyramidenblume. *Ajuga reptans.*

Verwendete Pflanzenteile: junge Blätter. **Beschreibung:** Blütenstengel aufrecht mit bläulichen Lippenblüten; bildet beblätterte Ausläufer; diese sind neben den Stengelblättern das geeignete Sammelgut; häufig auf Wiesen, an Wegrändern, unter Hecken und in Obstgärten. **Erntezeit:** Frühling, Frühsommer. **Verwendung:** mit anderen Wildkräutern als Frühlingssalat; fein gehackt als Würze an Suppen, Eintöpfe, Eierspeisen und Weichkäse (→ Seite 71 ff.). **Geschmack:** würzig-herb bis scharf. **Nutzen für die Gesundheit:** reich an Vitamin C und Mineralstoffen, appetitanregend, verdauungsfördernd.

Hagebutte (Heckenrose)

Dornröschen, Hagrose, Heinzerlein, Hiefenstrauch, Hundsrose, Wipken. *Rosa canina.*

Verwendete Pflanzenteile: die Früchte. **Beschreibung:** Mittelgroßer Strauch mit rosaroten ungefüllten Blüten, aus denen sich die leuchtend roten Hagebutten entwickeln; an Wegrändern, Bahndämmen, Böschungen und Waldrändern. **Erntezeit:** September – November. **Verwendung:** als würziges Mus für Backwaren und Fleischgerichte, auch als Marmelade sehr gut (→ Seite 75). **Geschmack:** süßlich-sauer. **Nutzen für die Gesundheit:** sehr viel Vitamin C, wertvolle Mineralstoffe, Fruchtsäuren.

Hederich

Blatt-Kren, Falscher Senf, Wilder Rettich.
Raphanus raphanistrum.

Verwendete Pflanzenteile: frische Blätter. **Beschreibung:** hellgrünes Kraut mit etwas verzweigten Stengeln, 30 – 60 cm hoch; untere Blätter gestielt und ungleich gelappt, obere einfacher; Blüten blaßgelb, gelegentlich weiß, vierzählig; lästiges Unkraut auf Äckern mit sandigem, lehmigem Boden. **Erntezeit:** April bis Herbst. **Verwendung:** Blätter fein gehackt vor dem Servieren als aparte Würze an Suppen und Eintöpfe, zu Salat und Käse (→ Seite 73 ff.). **Geschmack:** scharf, senfartig. **Nutzen für die Gesundheit:** verdauungsfördernd, »blutreinigend«.

Himbeere

Ananas, Hohlbeere, Madebeere, Runtzelbeere, Waldhimmelbeere. *Rubus idaeus.*

Verwendete Pflanzenteile: junge Blätter. **Beschreibung:** 1–2 m hoher Strauch; wechselständige Blätter gefiedert, oberseits hellgrün, an der Unterseite dicht weißfilzig; aus weißen Blüten entwickeln sich die roten Himbeeren; häufig in Wäldern, Gebüschen und Hecken. **Erntezeit:** Frühjahr. **Verwendung:** als Gemüse, wie Spinat zubereitet; ganz junge Blätter als Salatbestandteil; fein gehackt unter Quark oder vor dem Servieren an Suppen und Eintöpfe (→ Seite 71 ff.). **Geschmack:** herb, zusammenziehend. **Nutzen für die Gesundheit:** reich an Vitaminen und Mineralstoffen.

Hirtentäschel

Bauernsenf, Herzkraut, Löffeli, Säcklichrut, Schneiderbeutel. *Capsella bursa-pastoris.*

Verwendete Pflanzenteile: frische Blätter oder ganz junges Kraut. **Beschreibung:** 10 – 60 cm hoch, trägt vierzählige weiße Blüten und zumeist gleichzeitig dreieckig-herzförmige gestielte Früchte; blüht und fruchtet das ganze Jahr hindurch; häufig auf Äckern, Wiesen, Schuttplätzen und in Gärten. **Erntezeit:** Frühjahr. **Verwendung:** Salatbestandteil; mit anderen Wildkräutern (Brennessel, Brombeerblätter, Erdbeerblätter) auch als Gemüse (→ Seite 71 ff. und 76). **Geschmack:** angenehm, leicht herb. **Nutzen für die Gesundheit:** verdauungsfördernd, reich an Vitaminen und Mineralstoffen.

Holunder

Alhorn, Fliederbeere, Holderbusch, Holler, Keilken, Pisseke, Zibke. *Sambucus nigra.*

Verwendete Pflanzenteile: Blüten und vollreife Beeren (zubereitet). **Beschreibung:** weiße Blüten in schirmförmigen Trugdolden; Früchte kugelig, schwarz glänzend; Strauch oder Baum in lichten Wäldern, an Wald- und Wegrändern oder als »Hausbaum«. **Erntezeit:** Blüten Mai, Früchte Spätsommer. **Verwendung:** Blüten für Holunderküchlein, Früchte für würzige Kompotte und Säfte, als Fleischbeilage und für Würzbackwaren (→ Seite 74 und 76). **Geschmack:** Blüten eigenartig, aromatisch-herb, Früchte süßlich-herb. **Nutzen für die Gesundheit:** stärkt die körpereigenen Abwehrkräfte, »reinigt« das Blut und entwässert leicht.

Hopfen

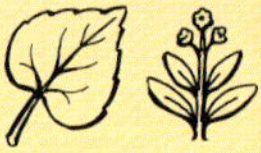

Bierhopfen, Hopfenzapfen, Hoppen, Hupfen, Wilder Hopfen. *Humulus lupulus.*

Verwendete Pflanzenteile: ganz junge Blätter, Sproßspitzen, Ranken. **Beschreibung:** strauchige Schlingpflanze, bis zu 6 m hoch; männliche und weibliche Blüten an verschiedenen Pflanzen; in Kulturen gezogen; wild in Gebüschen und an Waldrändern. **Erntezeit:** Frühjahr, Frühsommer. **Verwendung:** junge Blätter, junge Sprossen und zarte Ranken roh als Salatbestandteil; fein gehackt vor dem Servieren an Suppen und Eintöpfe; Hopfensprossen in Eierkuchenteig ausbacken (→ Seite 71 ff. und 76). **Geschmack:** in jungem Zustand ganz leicht bitter. **Nutzen für die Gesundheit:** anregend, reich an Kalium.

Huflattich

Brandlattich, Eselschrut, Hitzeblätter, Männerblume, Tabakkraut, Zytröseli. *Tussilago farfara.*

Verwendete Pflanzenteile: ganz junge Blätter. **Beschreibung:** Die leuchtend gelben Blüten erscheinen im frühesten Frühjahr vor den gestielten, rundlich herzförmigen, gebuchteten Blättern, die oben dunkelgrün, unterseits filzig behaart sind; häufige Pflanze auf Ödland und Schuttplätzen, an Böschungen und Wegrändern auf lehmigen und tonigen Böden. **Erntezeit:** April bis Mai. **Verwendung:** Blätter allein oder gemischt mit anderen Wildgemüsekräutern (Brennesseln) als Gemüse, auch an Suppen (→ Seite 73 f. und 76). **Geschmack:** mild bis herb. **Nutzen für die Gesundheit:** appetitanregend, magenfreundlich.

Knoblauchsrauke

Knoblauchkraut, Lauchkraut, Würzkraut, Zwiebelkraut. *Alliaria officinalis.*

Verwendete Pflanzenteile: frische Blätter. **Beschreibung:** Stengel kantig, unten rauh behaart; Grundblätter nierenförmig, nach oben zu stark buchtig; vierzählige Blüten weiß; alle Teile riechen stark nach Lauch, besonders beim Zerreiben; häufig in Laubwäldern, Hecken, Gebüschen, an Zäunen und auf Schuttplätzen. **Erntezeit:** April, Mai. **Verwendung:** fein gehackt als würziges Grün, dort, wo auch Schnittlauch paßt, besonders gut unter Quark (→ Seite 73 f.). **Geschmack:** lauchartig, scharf. **Nutzen für die Gesundheit:** appetitanregend.

Linde (Winterlinde, Sommerlinde)

Bastbaum, *Tilia cordata* und *Tilia platyphyllos.*

Verwendete Pflanzenteile: junge Blätter und Blüten. **Beschreibung:** große, stattliche Bäume; die kleinen, angenehm duftenden Blüten fallen durch ihr pergamentartiges Hochblatt auf; in Parks, auf Dorfplätzen und an Waldrändern. **Erntezeit:** Blüten unmittelbar nach dem Entfalten im Mai und Juni, Blätter bis Ende Juli. **Verwendung:** Blüten als Würze an Eierspeisen und Weichkäse; Blätter als Salatbestandteil und Brotbelag; auch als Gemüse, wie Spinat zubereitet (→ Seite 71 ff. und 77). **Geschmack:** Blüten würzig, Blätter mild. **Nutzen für die Gesundheit:** anregend, stärkend.

Löffelkraut

Bitteres Löffelkraut, Froschlöffel, Löffelkresse, Skorbutkraut. *Cochlearia officinalis.*

Verwendete Pflanzenteile: das frische Kraut. **Beschreibung:** 15–30 cm hoch mit wenig beblättertem Stengel, an dem im unteren Teil langgestielte, breiteiförmige, saftige Blätter sitzen; Blüten weiß; Salzpflanze, vornehmlich an der Nordseeküste, gelegentlich an salzhaltigen, sumpfigen Stellen des Binnenlandes. **Erntezeit:** April – Juni. **Verwendung:** Salatbestandteil; fein gehackt unter Weichkäse, vor dem Servieren an Suppen, Eintöpfe und Gemüse (→ Seite 71 ff.). **Geschmack:** scharf, an Senf und Kresse erinnernd. **Nutzen für die Gesundheit:** appetitanregend, reich an Vitaminen; steigert die Abwehrkräfte.

Löwenzahn

Liechtli, Märzenbusch, Milchblume, Pusteblume, Ringelblume, Schmalzblümlein. *Taraxacum officinale.*

Verwendete Pflanzenteile: junge Blätter. **Beschreibung:** durch Blattrosette mit gebuchteten Blättern und leuchtend gelbe Körbchenblüte unverwechselbar; häufig auf Wiesen, an Wegrändern, auf Schuttplätzen, selbst zwischen Pflastersteinen. **Erntezeit:** hauptsächlich im Frühjahr, aber auch in Sommer und Herbst. **Verwendung:** im frühen Frühjahr als Salat, allein oder mit anderen Wildpflanzenblättern gemischt; später als würziger Bestandteil von Suppen, Eintöpfen, Gemüsen und Käse (→ Seite 70 ff.). **Geschmack:** würzig, herb, bitter. **Nutzen für die Gesundheit:** gesund für Galle, Magen, Darm.

Lungenkraut

Brunneschüsseli, Fleckenkraut, Lungenwurz, Waldochsenzunge. *Pulmonaria officinalis.*

Verwendete Pflanzenteile: junge Blätter. **Beschreibung:** 10–30 cm hohes Kraut mit sitzenden, länglichen, rauhen Blättern; Blüten, zu mehreren am Stengelende angeordnet, zuerst rötlich, dann blau; Pflanze des Laubwaldes, der Gebüsche und Hecken. **Erntezeit:** März – Mai. **Verwendung:** als Salatbestandteil; fein gehackt an Suppen und Eintöpfe; vor allem zusammen mit Spinat, Himbeer-, Brombeer-, Erdbeerblättern als Gemüse (→ Seite 71 ff.). **Geschmack:** etwas schleimig, herb und leicht bitter. **Nutzen für die Gesundheit:** liefert Mineralstoffe, vor allem die wichtige Kieselsäure.

Malve

Feldmalve, Johannispappel, Käslichrut, Nüsserli, Schwellkraut, Wesing, Zigerli. *Malva silvestris.*

Verwendete Pflanzenteile: Blätter. **Beschreibung:** Stengel rauhhaarig, mit langgestielten, meist fünflappigen Blättern; in den Blattachseln entspringen die Blütenstiele, an ihrem Ende bläuliche bis rosarote Blüten; häufig an Wegen, auf Brachland und an Waldrändern, auf Schuttplätzen und an sonnigen Hängen. **Erntezeit:** Frühjahr, Sommer. **Verwendung:** fein gehackt in Salat, mildert den Geschmack scharfer Salatkräuter; auch als Gemüse (vornehmlich Mischgemüse, → Seite 71 ff.). **Geschmack:** mild, etwas schleimig. **Nutzen für die Gesundheit:** reich an Mineralstoffen.

Nachtkerze

Abendblume, Nachtstern, Rapontika, Sommerstern, Süßwurzel. *Oenothera biennis.*

Verwendete Pflanzenteile: Wurzel. **Beschreibung:** Aus der rötlichen Wurzel entspringt ein etwa 1 m hoher, beblätterter Stengel; an seinem oberen Teil große, schwefelgelbe Blüten, die sich am Abend öffnen und bald verwelken; stammt aus Amerika; in Mitteleuropa auf Ödland, an Wegen, Bahndämmen, Mauern und in Steinbrüchen. **Erntezeit:** im Frühjahr vor der Blüte oder im Herbst. **Verwendung:** als Gemüse, wie Sellerie oder Schwarzwurzel zubereitet; nach Garkochen als Salat (→ Seite 71 ff. und 77). **Geschmack:** angenehm, süßlich. **Nutzen für die Gesundheit:** magen-, darm-, galle- und leberfreundlich.

Pastinak

Duftmöhre, Hammelmöhre, Scharfmöhre, Wiesenweißwurz. *Pastinaca sativa.*

Verwendete Pflanzenteile: junge Blätter, Stengel, Wurzeln. **Beschreibung:** Doldengewächs mit goldgelben Blüten; gerillter Stiel; unpaarig gefiederte Blätter mit großen Fiederblättchen; auf Wiesen und an Wegrändern. **Erntezeit:** Blätter und junge Stengel im Frühjahr, Wurzeln im Spätherbst. **Verwendung:** Wurzeln und Stengel als würziges »Suppengrün«, Blätter fein gehackt als Gemüse- und Salatwürze; Wurzeln zusammen mit anderen Wurzelgemüsen für Gemüseeintöpfe oder allein als Gemüse (→ Seite 70 ff. und 77). **Geschmack:** scharf-aromatisch; Wurzel süßlich-aromatisch. **Nutzen für die Gesundheit:** appetitanregend, verdauungsfördernd.

Preiselbeere

Bickelbeere, Gichtbeinchen, Klosterbeere, Kronsbeere, Steinbeere. *Vaccinium vitis-idaea.*

Verwendete Pflanzenteile: vollreife Beeren. **Beschreibung:** immergrüner Zwergstrauch mit wechselständigen, glänzenden Blättern; aus hell rosaroten glockigen Blüten in endständiger, nickender Traube entwickeln sich kugelige, rote Beeren; in Misch- und Nadelwäldern sowie Hochmooren. **Erntezeit:** Juli bis September. **Verwendung:** als würzige Beilage zu Wild, als Kompott, für Würzgebäck und gegen Appetitlosigkeit kleiner Kinder (→ Seite 74 und 78). **Geschmack:** herb-süß, aromatisch. **Nutzen für die Gesundheit:** in allen Zubereitungsformen appetitanregend und verdauungsfördernd.

Quendel

Bergthymian, Chölm, Feldpolle, Feldthymian, Kudelkraut, Wilder Zimt, Zymsi. *Thymus serpyllum.*

Verwendete Pflanzenteile: das gerade erblühte Kraut. **Beschreibung:** aufsteigende Blühtriebe 2 – 15 cm hoch mit ovalen bis lanzettlichen Blättern und kleinen rosaroten Blüten; die ganze Pflanze duftet besonders angenehm aromatisch; an trokkenen und steinigen Orten, an Abhängen und Wegrändern; bildet oft dichte Rasen. **Erntezeit:** Mai – August. **Verwendung:** als aromatisches Gewürz an Salate, Eintöpfe, Weichkäse und Braten (→ Seite 73 f.). **Geschmack:** erfrischend aromatisch. **Nutzen für die Gesundheit:** aufgrund der ätherischen Öle verdauungsfördernd in Magen und Darm.

Sanddorn

Audorn, Dünendorn, Fasanenbeere, Haffdorn, Korallenbeere, Rote Schlehe. *Hippophae rhamnoides.*

Verwendete Pflanzenteile: vollreife Beeren. **Beschreibung:** kleiner bis mittelgroßer Strauch, selten kleiner Baum; Äste und Zweige dornig und sparrig, Blätter weidenähnlich, unterseits silbrig behaart, Blüten unscheinbar, Früchte orangerot, eiförmig; auf Dünen, an Flußufern, Böschungen, in Gärten und Parkanlagen. **Erntezeit:** September – Oktober. **Verwendung:** reife Beeren als aromatisches Mus, Marmelade oder Saft. **Geschmack:** sehr sauer. **Nutzen für die Gesundheit:** sehr reich an Vitamin C, Provitamin A, Vitaminen der B-Gruppe, Mineralstoffen.

Sauerampfer

Salatampfer, Sauergras, Sauerknöterich.
Rumex acetosa.

Verwendete Pflanzenteile: vornehmlich Blätter und junge Stiele. **Beschreibung:** 30 – 60 cm hoch mit grasgrünen, ganzrandigen, spießförmigen, saftigen Blättern und unscheinbaren grün-rot überlaufenen Blüten; Blütezeit Mai und August; häufig auf feuchten Wiesen, an Grabenrändern und in feuchten Wäldern. **Erntezeit:** Frühjahr und Sommer. **Verwendung:** für Suppen, Frühjahrscocktails, als Salatbestandteil und in Gemüsen (→ Seite 70 ff. und 79). **Geschmack:** angenehm sauer. **Nutzen für die Gesundheit:** appetitanregend, reich an Mineralstoffen und Vitaminen.

Schafgarbe

Achilles, Gänsezungen, Judenkraut, Schafrippl, Tausendblatt. *Achillea millefolium.*

Verwendete Pflanzenteile: junge Blätter. **Beschreibung:** Schafgarbe fällt durch die fein zerteilten Blätter und die meist weißen, seltener rötlichen Körbchenblüten auf, die in einer Trugdolde angeordnet sind; sehr häufig, vor allem auf trockenen Wiesen, an Feldrainen und Wegrändern. **Erntezeit:** Frühjahr, Frühsommer. **Verwendung:** junge Blätter in bescheidener Menge als Salatbestandteil; ältere Blätter auch als Würze an Gemüse, Eintöpfe, Suppen und Weichkäse (→ Seite 71 ff.). **Geschmack:** würzig. **Nutzen für die Gesundheit:** anregend für Darm, Galle, Leber.

Scharbockskraut

Butterblume, Frühsalat, Gichtblatt.
Ranunculus ficaria.

Verwendete Pflanzenteile: junge Blätter. **Beschreibung:** grasgrüne, glänzende, rundliche Blätter, wechselständig an niederliegenden Stengeln angeordnet, bilden oft große Bestände aus; Blüten leuchtend gelb, glänzend; häufig an feuchten und schattigen Stellen, im Auwald und in Gebüschen (Gärten). **Erntezeit:** frühes Frühjahr. **Verwendung:** als Salatbestandteil; in Blattgemüsen; als frisches Grün in Suppen und Käse (→ Seite 71 ff.); sparsam verwenden. **Geschmack:** angenehm aromatisch, leicht scharf. **Nutzen für die Gesundheit:** verdauungsfördernd, Vitaminspender.

Sumpfdotterblume

Bachbungele, Butterblume, Dotterblume, Kuckucksblume, Kuhblume, Schmalzblume. *Caltha palustris.*

Verwendete Pflanzenteile: ganz junge Blätter, Blütenknospen. **Beschreibung:** leuchtend gelbe Blüten, fettig glänzende Blätter, Grundblätter breit herzförmig, langgestielt, Stengelblätter kleiner und oben sitzend; häufig an Bachufern. **Erntezeit:** frühes Frühjahr. **Verwendung:** junge Blättchen nur in kleinen Mengen als Salatbeigabe und als würziges Frühlingsgrün für Weichkäse; eingelegte Knospen als Kapernersatz (→ Seite 73 f. und 78). **Geschmack:** erfrischend, leicht scharf. **Nutzen für die Gesundheit:** Vitaminspender und leichtes Reiz- und Anregungsmittel für die Verdauungsorgane.

Vogelmiere

Alsine, Feldsternmiere, Hühnerbiß, Hühnerdarm, Hühnermiere, Mausdarm. *Stellaria media.*

Verwendete Pflanzenteile: das ganze Kraut ohne Wurzel. **Beschreibung:** meist niederliegende, unscheinbare Pflanze mit sattgrünen Blättern und kleinen weißen Blüten; wächst und blüht unter guten Bedingungen das ganze Jahr hindurch auf Äckern, Gartenland, Schuttplätzen, auch auf Waldboden. **Erntezeit:** am besten im Frühjahr, doch auch zu jeder anderen Jahreszeit. **Verwendung:** als Salatbestandteil, als Suppengrün, an Weichkäse und über Fleischgerichte gestreut (→ Seite 71 ff.). **Geschmack:** wohlschmeckend. **Nutzen für die Gesundheit:** Vitamin- und Mineralstoffspender.

Wegwarte

Hindlauf, Rattenwurz, Sonnenwirbel, Wegeleuchte, Zichorie. *Cichorium intybus.*

Verwendete Pflanzenteile: die jungen unteren Blätter. **Beschreibung:** bis zu 1 m hoch, blau blühend; häufig an Wegrändern, Dämmen und auf Äckern. **Erntezeit:** Frühjahr. **Verwendung:** fein gehackt als Gemüse; an Saucen und Suppen (auch gemischt mit anderen Wildgemüsen); als Salat (→ Seite 71 ff.). **Geschmack:** herb bis bitter; durch Kochen in Salzwasser läßt sich dieser Geschmack stark mildern. **Nutzen für die Gesundheit:** als Kraut mit Bitterstoffen appetitanregend, galle- und leberfreundlich, kräftigend.

Weiße Melde

Gartenmelde, Mehlkraut, Wilder Spinat.
Atriplex hortensis.

Verwendete Pflanzenteile: junge Blätter. **Beschreibung:** junge Pflanze blaugrün, später hellgrün; Blätter unten dreieckig, nach oben zu länglich bis spießförmig, Blüten sehr unscheinbar in rispigen Scheinähren; häufiges Garten- und Ackerunkraut. **Erntezeit:** Frühjahr, Frühsommer. **Verwendung:** als Gemüse, wie Spinat zubereitet, besonders geeignet in Mischung (1:1:1) mit Brennessel- und Erdbeerblättern; Bestandteil gesunder Frühlingssalate (→ Seite 71 ff.). **Geschmack:** angenehm, mild, an Walnüsse erinnernd. **Nutzen für die Gesundheit:** anregend für den Stoffwechsel.

Weiße Taubnessel

Bienensaug, Blumennessel, Kuckucksnessel, Sügerli, Tote Nessel. *Lamium album.*

Verwendete Pflanzenteile: junge Blätter. **Beschreibung:** 20–40 cm hoch, vierkantiger Stengel mit kreuzgegenständigen Blättern; die weißen Lippenblüten sind quirlförmig angeordnet; wächst an Hecken, Feldrändern und auf Ödland. **Erntezeit:** April – August. **Verwendung:** Die oberen Stengelteile können zusammen mit Blättern und Blüten für Gemüse und Salat verwendet werden; Blätter hervorragend geeignet zur Geschmacksmilderung scharf-bitterer Wildgemüse und Salate; fein gehackt vor dem Servieren an Suppen und Eintöpfe (→ Seite 71 ff.). **Geschmack:** wohlschmeckend. **Nutzen für die Gesundheit:** reich an Vitaminen, Mineral- und Faserstoffen.

Wiesenbocksbart

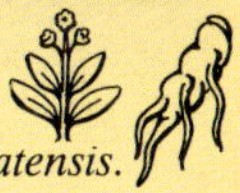

Bochbatzer, Freßblume, Guggelau, Himmelbrod, Knaupel, Milchblume, Paperasch. *Tragopogon pratensis.*

Verwendete Pflanzenteile: frisches Kraut, Wurzeln. **Beschreibung:** bis 1 m hoch, schließt mit dottergelber, großer Korbblüte ab; Blätter schmallanzettlich-spitz, halbstengelumfassend; häufig auf gut gedüngten Wiesen. **Erntezeit:** frisches Kraut kurz vor der Blüte im Mai, Juni, Wurzeln im Frühjahr oder Herbst. **Verwendung:** das Kraut als Gemüse; die feingehackten Blätter und Stengel mit Blütenknospen als Salatbestandteil zur Geschmacksmilderung herb-bitterer Wildsalate; die Wurzel als Gemüse (→ Seite 71 ff. und 78). **Geschmack:** angenehm, etwas süßlich. **Nutzen für die Gesundheit:** magenfreundlich, reich an Vitaminen und Mineralstoffen.

Wiesenklee (Rotklee)

Fleischklee, Futterklee, Honigklee, Stutzler, Zuckerblüemli. *Trifolium pratense.*

Verwendete Pflanzenteile: Blätter und Blüten. **Beschreibung:** Aus einem Wurzelstock entwickelt sich ein Rasen blühender und nicht blühender Stengel mit dreizähligen Blättern; Teilblättchen eiförmig und elliptisch; purpurrote Blüten in Köpfchen vereinigt; auf Mähwiesen oder Weiden. **Erntezeit:** April bis September. **Verwendung:** Blätter als Gemüse, wie Spinat zubereitet, oder roh als Salatbestandteil; ausgezupfte Blüten sind eine dekorative Salatwürze (→ Seite 71 ff.). **Geschmack:** Blätter säuerlich bis herb, Blüten süß. **Nutzen für die Gesundheit:** leberfreundlich, appetitanregend.

Wiesenknöterich

Kalbszunge, Natterkraut, Schlangenknöterich, Schlangenwurz, Schluche. *Polygonum bistorta.*

Verwendete Pflanzenteile: frische Blätter. **Beschreibung:** Aus einem dicken, gewundenen Wurzelstock treibt ein einfacher Stengel, der mit einer walzigen Scheinähre kleiner rosa Blüten endet; Stengelblätter wechselständig, länglich, sitzend; untere Blätter langgestielt; häufig auf feuchten Bergwiesen, im Flachland seltener. **Erntezeit:** im Frühjahr vor der Blütezeit. **Verwendung:** als vorzügliches Gemüse, das dem Spinat nicht nachsteht, besonders gut gemischt mit Löwenzahn- und Brennesselblättern (1:1:1), mit Pfeffer, Salz und Muskat gewürzt (→ Seite 73). **Geschmack:** angenehm. **Nutzen für die Gesundheit:** reich an Mineralstoffen.

Wiesensalbei

Brandele, Gockerschwanz, Kikelskamm, Salbine, Schafzunge, Selw, Wolfsblom. *Salvia pratensis.*

Verwendete Pflanzenteile: frische Blätter. **Beschreibung:** Stengel bis 1 m hoch, vierkantig; Grundblätter in Rosetten, länglich, langgestielt, gekerbt oder gezähnt; Stengelblätter oben klein, sitzend; zahlreiche blauviolette Lippenblüten in armblütigen Scheinquirlen; stellenweise recht häufig auf Wiesen, besonders Mähwiesen, und an Wegrändern. **Erntezeit:** Mai – Juli. **Verwendung:** wie Gartensalbei als Grüngewürz, aber auch als Salat- und Gemüsebestandteil, weil die Würzkraft geringer ist (→ Seite 71 ff.). **Geschmack:** aromatisch-herb. **Nutzen für die Gesundheit:** appetitanregend, verdauungsfördernd.

Wiesenschaumkraut

Adebarsblume, Bettnässerle, Elendsblume, Wasserblume, Wilde Kresse. *Cardamine pratensis.*

Verwendete Pflanzenteile: ganz junge Blätter, auch die ganze Pflanze. **Beschreibung:** Der aufrechte Stengel ist saftig und hohl; Blätter unpaarig gefiedert; Blüten, in trugdoldigem Blütenstand, meist hell-lila gefärbt und dunkel geadert; häufig auf Wiesen. **Erntezeit:** März, April (Mai). **Verwendung:** in Mischung mit anderen Frühjahrskräutern (Löwenzahn, Sauerampfer) als »blutreinigender« Frühlingssalat; fein gehackt als Gewürz an Käse, Eintöpfe, Suppen (→ Seite 71 ff. und 79). **Geschmack:** scharf, aromatisch. **Nutzen für die Gesundheit:** Vitamin-C-Spender, »blutreinigend«.

Wilde Möhre

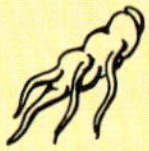

Gelbe Rübe, Karotte, Mohrrübe, Vogelnestchen.
Daucus carota.

Verwendete Pflanzenteile: Wurzel. **Beschreibung:** zwei- bis dreifach gefiederte Blätter; weiße Blütchen in Doppeldolden angeordnet, die sich nach der Blüte nestartig zusammenziehen; auffallendes Kennzeichen ist häufig eine schwach purpurne Einzelblüte inmitten der Dolde; häufig an Böschungen, Wegrändern und auf Wiesen. **Erntezeit:** Frühjahr, Herbst. **Verwendung:** Die Wurzel der Wilden Möhre kann wie die der Gartenmöhre zubereitet werden; sie ist derber in der Konsistenz und herber im Geschmack (→ Seite 73). **Geschmack:** etwas herb. **Nutzen für die Gesundheit:** reich an Vitaminen und Mineralstoffen.

Kleine Pflanzenkunde

Es ist wichtig, daß derjenige, der mit Wildgemüse umgehen will, auch etwas über den Aufbau einer Pflanze weiß. Einmal, weil er dann die Pflanzenbeschreibung besser verstehen kann, zum anderen, weil er diese Kenntnisse braucht, wenn er Wildgemüse sammeln und zubereiten will.

Mit der **Wurzel** nimmt die Pflanze Wasser und Nährstoffe in gelöster Form aus dem Boden auf. Die Wurzel verankert die Pflanze an ihrem Standort. Sie kann ausdauernd sein und jährlich neue Triebe ausbilden, kann aber auch wie die oberirdischen Teile im Herbst absterben (2. und 3. Umschlagseite).

Die Pfahlwurzel wächst senkrecht nach unten und zweigt nach den Seiten schwächere Wurzeläste ab. Die fleischig verdickte Pfahlwurzel, wie wir sie beispielsweise bei der Möhre, dem Rettich und den Rüben finden, speichert Nährstoffe. Die Pfahlwurzeln, auch die oberirdischen Teile, werden häufig als Gemüse genutzt. Findet man bei einer Pflanze mehrere bis viele gleichstarke Wurzeln, so spricht man von Faserwurzeln.

Oberirdische **Sprosse** sind entweder der krautige Stengel oder der holzige Stamm. Krautige Stengel werden von einjährigen Pflanzen entwickelt. Zweijährige oder mehrjährige Pflanzen haben meistens krautige, gelegentlich auch verholzte Stengel. Oft sind sie nur in der unteren Region verholzt. Bäume und Sträucher haben einen holzigen Stamm.

Am Sproß entwickeln sich die Blätter, in den Achseln dieser Blätter Seitensprosse, die ebenfalls Blätter ausbilden. Häufig entspringen den Blattachseln Blüten oder ganze Blütenstände, gestielt oder ungestielt. Die Blätter sind ein unabdingbarer Bestandteil des Sprosses. Selbst wenn er als Wurzelstock dahinkriecht, hat er immer Blätter. Sie sind in solchen Fällen jedoch in Schuppen umgewandelt und kaum noch als Blatt zu erkennen. Die unter der Erde befindlichen Sproßorgane dienen vornehmlich der Nährstoffspeicherung.

Der Wurzelstock kriecht waagerecht dicht unter der Erdoberfläche; die Zwiebel ist ein gestauchter Sproß mit fleischigen Blättern; die Kartoffel ist eine sogenannte Sproßknolle.

Oberirdische Sprosse (Stengel) nennt man rund oder stielrund, wenn ihr Querschnitt kreisförmig ist; kantig (zweikantig, vierkantig), wenn der Querschnitt eckig ist; gefurcht, wenn die Sproßoberfläche mit senkrecht verlaufenden Rillen versehen ist. Auch dies sind Merkmale einer Pflanze, die zu ihrer Erkennung wichtig sind.

Die **Blätter** dienen der Versorgung der Pflanze mit organischen Stoffen: Sie bereiten aus der Kohlensäure (CO_2) der Luft und dem Wasser aus dem Boden Zucker und Stärke, die für die Pflanze lebensnotwendig sind. Dazu benötigen sie den grünen Blattfarbstoff, das Chlorophyll, und als Energiequelle das Sonnenlicht. Diesen Vorgang nennt man Assimilation oder Photosynthese. Durch die Spaltöffnungen, die sich in der Regel an der Unterseite der Blätter befinden, wird der Gas- und Wasseraustausch reguliert.

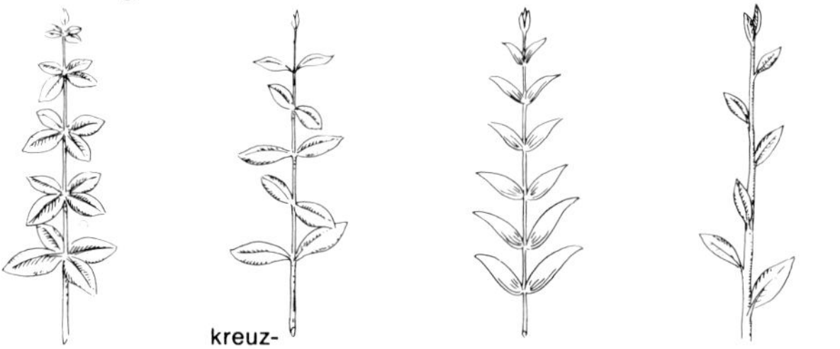

Für die Bestimmung der Pflanzen sind Blattform und Blattstellung am Stiel wichtig: quirlig – gegenständig – kreuzgegenständig – wechselständig. Blattquirle bestehen aus vier, sehr häufig aber auch aus weit mehr Blättern.
Der Blattstiel kann kurz oder lang sein; er kann aber auch fehlen. Ist das der Fall, nennt man die Blätter »sitzend«.
Die Blattspreiten – also die eigentlichen Blätter – sind sehr unterschiedlich ausgebildet. Blattrand und Blattaufteilung sind für die Bestimmung ebenso wichtig wie die Blattform
(→ 3. Umschlagseite).
Auch die Nervatur der Blätter ist von Bedeutung. Bei Pflanzen, die mit nur einem Blatt keimen, verlaufen die Blattnerven parallel, während bei den Zweikeimblättlern Parallel- oder Bogennervatur (beispielsweise beim Wegerich) eine Seltenheit ist.
Die **Blüten** sind botanisch Sprosse. Sie sitzen spiralig an der gestauchten Blütenachse, die man auch Blütenboden nennt.
Der botanisch Unerfahrene wird bei der Bestimmung einer Pflanze vor allem die Blüte beachten; Pflanzen, die blühen, sind leichter zu erkennen. Die Farbe der Blüten darf man jedoch nicht überbewerten. Eine Pflanze, die normalerweise rosarot oder rot blüht, kann auch mal weiß anzutreffen sein.
Sehr selten schließt ein Sproß sein Längenwachstum mit einer Einzelblüte ab, wie es beispielsweise bei der Tulpe der Fall ist.

Meistens werden mehrere Blüten ausgebildet, die dann als Blütenstand vereinigt sind. Für die Pflanzenbestimmung ist es notwendig, die wichtigsten Blütenstände zu kennen: Traube – Doldentraube – Ähre – Kolben – Köpfchen – Dolde – Doppeldolde – Rispe – Doldenrispe (→ 3. Umschlagseite).
Aus den befruchteten Blüten entwickeln sich die **Früchte,** die wie die Blüten angeordnet sind. Die wichtigsten Früchte: Der Balg ist eine Frucht, die aus einem Fruchtblatt gebildet ist und sich bei der Reife an der Bauchnaht öffnet. Die Schote bildet sich aus zwei Fruchtblättern, an einer falschen Scheidewand sitzen die Samen. Die Hülse ist aus einem Fruchtblatt gebildet, sie öffnet sich an Bauch- und Rückennaht. Die Kapsel besteht aus zwei oder mehreren Fruchtblättern. Gemäß der Öffnungsweise bei der Reife unterscheidet man: Spaltkapseln – ihre Fruchtblätter weichen auseinander, Deckkapseln – sie öffnen sich durch einen Deckel, Porenkapseln – sie öffnen sich durch mehrere Löcher.

Sammelnußfrüchte

Erdbeere

Hagebutte

Sammelsteinfrüchte

Himbeere

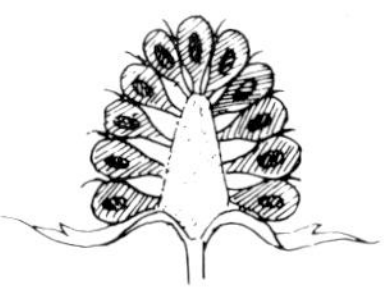

Brombeere

Die (echte) Beere ist in allen Teilen fleischig, beispielsweise die Heidelbeere; die Nuß ist von einem harten Gehäuse umgeben, in dem meistens ein Same sitzt; die Steinfrucht ist außen fleischig, innen mit einem Steinkern ausgestattet, beispielsweise Kirsche, Aprikose, Pflaume. Eine Sammelfrucht, bestehend aus kleinen Nüßchen, die auf einem fleischigen Blütenboden sitzen, ist beispielsweise die Erdbeere; eine Sammelsteinfrucht die Brombeere. Spaltfrüchte werden solche Früchte genannt, die sich bei der Reife wieder voneinander lösen, sie sind bei Doldengewächsen zu finden, beispielsweise beim Kümmel.

Pflanzenname	**Seite**	**Vorkommen**	**Verwendete Pflanzenteile**
Günsel	24	Wiesen, Wegränder, Hecken, Obstgärten	
Hagebutte (Heckenrose)	25	Bahndämme, Böschungen, Wald-, Wegränder	
Hederich	26	Äcker mit sandigem, lehmigem Boden	
Himbeere	27	Wälder, Gebüsche, Hecken	
Hirtentäschel	28	Äcker, Wiesen, Schuttplätze, Gärten	
Holunder	29	lichte Wälder, Wald- und Wegränder	
Hopfen	30	Gebüsche, Waldränder	
Huflattich	31	Ödland, Böschungen, Wegränder	
Kerbel	32	Wiesen, Waldränder, Gebüsche	
Klette	33	Wegränder, Straßengräben, Ödland	
Knoblauchsrauke	34	Laubwälder, Hecken, Gebüsche, Schuttplätze	
Linde	35	Parks, Dorfplätze, Waldränder	
Löffelkraut	36	Nordseeküste, salzhaltige Sümpfe	
Löwenzahn	37	Wiesen, Wegränder, Schuttplätze	
Lungenkraut	38	Laubwälder, Gebüsche, Hecken	
Malve	39	Wege, Brachland, Waldränder, Schuttplätze, sonnige Hänge	
Nachtkerze	40	Ödland, Wege, Bahndämme, Mauern, Steinbrüche	
Pastinak	41	Wiesen, Wegränder	

Erntezeit	**Verwendung in der Küche**	**Nutzen für die Gesundheit**
Frühjahr, Frühsommer	Salat, Gewürz	reich an Vitamin C und Mineralstoffen, appetitanregend, verdauungsfördernd
September – November	Würzkompott, Marmelade	sehr viel Vitamin C, Mineralstoffe, Fruchtsäuren
April – Herbst	Gewürz	verdauungsfördernd appetitanregend »blutreinigend«
Frühjahr	Gemüse, Salat, Gewürz	reich an Vitaminen und Mineralstoffen
Frühjahr	Gemüse, Salat, Gewürz	verdauungsfördernd, reich an Vitaminen und Mineralstoffen
Mai, Spätsommer	Würzkompott, Saft, Küchlein	stärkt die Abwehrkräfte, leicht entwässernd
Frühjahr, Frühsommer	Gemüse, Salat, Gewürz	anregend, reich an Kalium
April, Mai	Suppe, Gemüse	appetitanregend, magenfreundlich
Kraut: vor der Blüte	Suppe, Gewürz	reich an Vitaminen, besonders Vitamin C
Frühjahr, Herbst	Gemüse, Salat	magen-, darm-, leber-, gallefreundlich
April, Mai	Gewürz	appetitanregend
Mai – Juli	Gemüse, Salat, Gewürz, Brotbelag	anregend, stärkend
April – Juni	Salat, Gewürz	appetitanregend, reich an Vitaminen; tonisierend
Frühjahr bis Herbst	Suppe, Gemüse, Salat, Gewürz	gesund für Galle, Magen und Darm
März – Mai	Suppe, Gemüse, Salat	liefert Mineralstoffe, vor allem Kieselsäure
Mai – August	Gemüse, Salat	reich an Mineralstoffen
vor der Blüte	Gemüse, Salat	magen-, darm-, galle-, leberfreundlich
Frühjahr, Wurzel: Herbst	Gemüse, Gewürz	appetitanregend, verdauungsfördernd

Pflanzenname	Seite	Vorkommen	Verwendete Pflanzenteile
Preiselbeere	42	Misch- und Nadelwälder, Hochmoore	
Quendel	43	trockene, steinige Orte, Abhänge, Wegränder	
Sanddorn	44	Dünen, Flußufer, Böschungen, Gärten, Parks	
Sauerampfer	45	feuchte Wiesen und Wälder, Grabenränder	 
Schafgarbe	46	trockene Wiesen, Feldraine, Wegränder	
Scharbockskraut	47	feuchte und schattige Stellen, Auwald	
Schlehdorn	48	Hecken	
Spitzwegerich	49	Brachland, trockene Wiesen	
Sumpfdotterblume	50	Bachufer	
Vogelmiere	51	Äcker, Gartenland, Schuttplätze, Wälder	
Wegwarte	52	Wegränder, Dämme, Äcker	
Weiße Melde	53	Gärten, Äcker	
Weiße Taubnessel	54	Hecken, Feldränder, Ödland	
Wiesenbocksbart	55	gedüngte Wiesen	 
Wiesenklee (Rotklee)	56	Mähwiesen, Weiden	 
Wiesenknöterich	57	feuchte Bergwiesen, selten Flachland	
Wiesensalbei	58	Wiesen, Wegränder	
Wiesenschaumkraut	59	Wiesen	 
Wilde Möhre	60	Böschungen, Wegränder, Wiesen	

Erntezeit	Verwendung in der Küche	Nutzen für die Gesundheit
Juli – September	Kompott, Gewürz	appetitanregend, verdauungsfördernd
Mai – August	Gewürz	verdauungsfördernd in Magen und Darm
September, Oktober	Mus, Saft, Marmelade	reich an Vitaminen und Mineralstoffen
Frühjahr, Sommer	Gemüse, Salat, Frühjahrscocktail	appetitanregend, reich an Mineralstoffen und Vitaminen
Frühjahr, Frühsommer	Salat, Gewürz	anregend für Darm, Galle, Leber
frühes Frühjahr	Gemüse, Salat, Gewürz	verdauungsfördernd, Vitaminspender
September – Dezember	Würzkompott, Brotaufstrich	appetitanregend
April, Mai (Juni)	Suppe, Gemüse, Salat	Vitamin- und Mineralstoffspender
frühes Frühjahr	Salat, Gewürz	Vitaminspender; anregend für den Verdauungstrakt
das ganze Jahr	Salat, Gewürz	Vitamin- und Mineralstoffspender
Frühjahr	Suppe, Gemüse, Sauce, Salat	appetitanregend, galle- und leberfreundlich, kräftigend
Frühjahr, Frühsommer	Gemüse, Salat	anregend für den Stoffwechsel
April – August	Gemüse, Salat, Gewürz	reich an Vitaminen, Mineral- und Faserstoffen
Mai, Juni, Herbst	Gemüse, Salat	magenfreundlich, reich an Vitaminen und Mineralstoffen
April – September	Gemüse, Salat, Gewürz	leberfreundlich, appetitanregend
Frühjahr	Gemüse	reich an Mineralstoffen
Mai – Juli	Gemüse, Salat, Gewürz	appetitanregend, verdauungsfördernd
März, April (Mai)	Salat, Gewürz	Vitamin-C-Spender, »blutreinigend«
Frühjahr, Herbst	Gemüse	reich an Vitaminen und Mineralstoffen

Wichtige Sammeltips

- Die beste Erntezeit ist das Frühjahr, wenn die Pflanzen zart und frisch sind. Aber auch im Sommer, sogar bis in den Herbst hinein, findet man junge Wildgemüsepflanzen, die entweder nachgewachsen sind oder erst zu dieser Zeit aus dem Boden sprießen. – Bei ausgewachsenen Pflanzen sind die oberen Teile zu bevorzugen. Was zart aussieht, ist zumeist auch frisch und verwendbar. Älteres Sammelgut schmeckt herber und etwas bitterer, der Nutzen für die Gesundheit ist jedoch nicht geringer. Welke Pflanzenteile sind natürlich von der Verwendung auszuschließen.
- Wildgemüse niemals am Rande viel befahrener Straßen oder in der Nähe von chemisch behandelten Feldern und Weiden sammeln. Staubige oder schmutzige Pflanzen sind ebenfalls ungeeignet. Waldränder, Hecken, Gebüsche, sonnige Abhänge, Brachland, Wiesen, Flußufer, Obstgärten oder Quellgebiete sind geeignete Fundstellen für biologisch reines Wildgemüse.
- Das Sammelgut möglichst bald verbrauchen. Wenn Sie es nicht sofort zubereiten können, so ist das Gemüsefach des Kühlschrankes der geeignete Aufbewahrungsort. Für das Einfrieren gelten die gleichen Regeln wie für Gartengemüse.
- Vor dem Zubereiten die Kräuter mit kaltem Wasser gründlich waschen. Das Waschwasser gut abtropfen lassen. Gleich danach die Wildkräuter (wenn nötig) fein hacken.

Grundrezepte und Küchentips

Die folgenden Rezepte beziehen sich ganz allgemein auf die Zubereitung von Wildgemüse und enthalten Tips für die Geschmacksverbesserung sehr herber und bitterer Kräuter.

Suppen

Bei einigen Kräutern dieses Kompasses ist angegeben, daß sie sich speziell für die Bereitung von Suppen eignen. Grundsätzlich läßt sich natürlich auch aus jeder einzelnen Kräutersorte eine schmackhafte Suppe bereiten, doch empfiehlt es sich eher, mehrere Kräuter gemischt zu verarbeiten, da die verschiedenen Geschmacksnuancen zusammen einer Wildgemüsesuppe erst den richtigen »Pfiff« geben. Alle Wildkräuter, bei denen Sie in dem farbigen Balken das Wort »Suppe« finden, sind für solche

Mischungen geeignet. Es ist Sache Ihres persönlichen Geschmacks, die für Sie beste Komposition auszuprobieren. Ich rate zum Experiment!
Für die Zubereitung einer richtigen Wildkräutersuppe verrate ich Ihnen mein Rezept:
Die Wildkräuter (für 1 Liter Suppe etwa 4 Eßlöffel, einzeln oder gemischt) waschen, fein hacken und in einen Topf geben. Wenig Wasser hinzufügen und das Ganze einige Minuten kochen lassen. Mit Fleischbrühe auffüllen und mit Mehl und saurer Sahne binden. Mit Salz und Pfeffer (auch Muskat eignet sich) abschmecken. Einige in wenig Fett geröstete Brotstückchen oder altbackenes Schwarzbrot in die Suppentasse geben und die Suppe darübergießen. Gut warm servieren. Wer will, kann kurz vor dem Servieren noch frische, feingehackte Blätter obenauf streuen. Soll die Suppe eine ganze Mahlzeit ergeben, pro Person 1 ganzes Ei in die heiße Suppe schlagen.

Saucen

Weil die meisten Wildgemüse angenehm aromatisch schmekken, eine gesunde Herbheit oder leichte Bitterkeit besitzen, eignen sie sich vorzüglich zur Bereitung von Saucen, die zu vielen Gerichten passen. Man kann sie zu Eiern, Fleisch, Fisch (gebraten oder gekocht) reichen, kann sie aber auch zu Aufschnitt servieren. Hier das Grundrezept, das Sie ganz nach Ihren Wünschen abwandeln können:
Die Kräuter (die Menge hängt von dem Kraut ab und ist Sache des persönlichen Geschmacks, für 1/2 Liter Sauce genügen aber zumeist 2 bis 3 Eßlöffel) fein hacken, dann waschen. Das anhaftende Wasser genügt, um sie in Butter zu garen. Dabei einige Zwiebelscheiben mitgaren. Wenn die Zwiebeln glasig sind, mit etwas Fleischbrühe auffüllen. Die Sauce durch ein Sieb treiben, nach Belieben binden. Pfeffer, Salz, Paprika und Knoblauch (sparsam bitte) zum Abschmecken verwenden. Wird eine saure Sauce gewünscht, zum Schluß einige Tropfen Kräuteressig zugeben.

Salate

Alle grünen Teile der in diesem Buch beschriebenen Kräuter eignen sich mehr oder weniger gut für Salate. Je zarter die Pflanzenteile sind, desto besser schmeckt der Salat. Daher ist das Frühjahr die geeignete Zeit für Wildsalate. Auch hier ist es empfehlenswert, mehrere Wildkräuter zusammen zu verwen-

den. Wem reine Wildsalate noch zu ungewohnt sind, kann sie zur Hälfte mit Gartensalat (zum Beispiel Kopfsalat) mischen. Angemacht werden Wildsalate wie grüne Salate. Dafür gibt es sehr viele Möglichkeiten und Varianten: Essig und Öl, Joghurt oder Sahne, Zitrone oder ein fertiges Salatdressing. Die Wahl bleibt Ihrem persönlichen Geschmack überlassen.
Hier ein Rezept, das für jeden Geschmack geeignet sein dürfte: Die Salatkräuter gut waschen und mischen. Aus 2 bis 3 Eßlöffeln Öl, 1 bis 2 Eßlöffeln Essig oder Zitronensaft, ½ bis 1 Teelöffel Senf, wenig Zucker, Salz (eventuell Pfeffer) eine Salatsauce mischen und über die Kräuter geben.

Tips zur Geschmacksverbesserung sehr herber oder bitterer Wildsalate

Manche Salatkräuter oder Wurzeln sind sehr bitter, herb oder scharf. Das stört geschmacksempfindliche Menschen und hält sie davon ab, die so gesunden Kräuter zu verwenden. Es nützt auch nicht viel, wenn man darauf hinweist, daß gerade diese Herbheit von großem gesundheitlichen Nutzen ist. Doch gibt es eine Möglichkeit, den Geschmack zu verbessern: Sie bereiten eine Salzlösung aus 2 Teelöffeln Kochsalz auf 1 Liter Wasser und überbrühen damit die bitteren und herben Kräuter. Nach 2 bis 3 Minuten können Sie das Salzwasser weggießen. Die Kräuter werden dadurch milder im Geschmack und passen in jeden Salat.
Sie können aber auch aus bitteren Kräutern einen schmackhaften »Salat« bereiten, ohne die Blätter zu überbrühen. Sie geben die Kräuter in einen Mixer und pürieren sie ganz fein. Dann bereiten Sie ein Kartoffelpüree (frisch oder aus Pulver) und mischen beides miteinander. Damit das Auge mehr sieht als nur eine hellgrüne Masse, können Sie mit roten Rüben, Tomaten, grünen oder roten Paprikaschoten garnieren und zusätzlich einige feingehackte milde Kräuter (Kerbel, Melde, Schnittlauch, Petersilie) darüberstreuen.

Was tun, wenn die Salatkräuter zu derb (hart) sind?

Wenn Sie zum Beispiel Wegwarten-, Brombeer-, oder Huflattichblätter zugleich mit ganz zarten Brennessel-, Scharbockskraut- oder jungen Löwenzahnblättern zu Salat verarbeiten möchten, dann stören die derberen Bestandteile die Harmonie des Salates. Doch gibt es eine einfache Lösung: Sie überbrühen die derben Kräuter mit einer schwachen Salzlösung, lassen sie

etwa 15 Minuten darin, schrecken ab, lassen die Blätter gut abtropfen und schneiden sie in schmale Streifen.
So bringen auch die derberen Kräuter Geschmack und Nutzen für die Gesundheit mit ein, ohne im Salat zu stören.

Gemüse

In diesem Kompaß handelt es sich, wenn von Gemüse die Rede ist, vornehmlich um Blatt- oder Wurzelgemüse. Fast alle Wildkräuterblätter sind als Blattgemüse verwendbar, und ihre Zubereitung ist denkbar einfach: Sie alle können wie Spinat zubereitet werden. Für den so köstlichen Spinat hat sicher jeder sein Lieblingsrezept mit eigenen Gewürzen, auch Wildgemüseblätter bereiten Sie am besten nach eigenem Geschmack zu. Denn gerade bei den würzigen Wildgemüsen ist es schwierig, allgemeingültige Rezepte zu geben. Dennoch will ich Ihnen mein Rezept verraten:
Die Blätter gründlich waschen, zusammenrollen und in schmale Streifen schneiden. Mit wenig Fett (Butter, Öl) und einigen Zwiebelscheiben, etwas Salz und wenig Muskat weichdünsten. Mit einer hellen Mehlschwitze binden und zum Schluß etwas saure Sahne darangeben.
Anders ist es mit den Wild-Wurzelgemüsen. Um sie besonders schmackhaft auf den Tisch zu bringen, richten Sie sich am besten nach einem der Spezialrezepte im Anschluß an dieses Kapitel (Seite 74 ff.).

Gewürz

Alle grünen Kräuter eignen sich ganz besonders dann, wenn sie einen aromatischen, herben oder gar bitteren Geschmack haben, hervorragend zum Würzen von Quark und anderen Weichkäsearten. Sie verbessern nicht nur den Geschmack, sondern steigern die Bekömmlichkeit. Es ist wichtig, daß Sie die gewaschenen Kräuter sehr fein schneiden, hacken oder im Mixer pürieren, bevor Sie sie unter den Käse rühren. Geben Sie zusätzlich einige Zwiebeln hinzu; das hat sich als sehr gut erwiesen. Sie können auch mit wenig Knoblauch würzen.
Fast unmöglich ist es, hier Vorschläge für die Menge der Kräuter pro 100 Gramm Quark oder Käse anzugeben. Das ist wirklich Sache Ihres persönlichen Geschmacks. Die nachfolgenden Angaben sind daher nur als Richtzahlen zu verstehen. Milde Kräuter (auch in Mischung) darf man hoch dosieren. 2 bis 3

Eßlöffel Kräuter für 100 Gramm Käse erscheinen mir nicht zuviel. Sehr aromatische oder herbe Kräuter sowie die ganz bitteren verwenden Sie am besten nur teelöffelweise. 1 bis 2 Teelöffel für 100 Gramm Käse sind ausreichend. Wer milde und kräftige Kräuter miteinander mischt, muß den Mittelweg bei der Menge suchen. Ich schlage vor: 1 Eßlöffel Kräuter für 100 Gramm Käse. Sie können natürlich auch Hart- oder Scheibenkäse mit Kräutern würzen: Kräuter sehr fein hacken und einfach darüberstreuen. Auch auf einem Butterbrot sind Wildwürzkräuter ein Genuß.
Frische, gehackte Kräuter, kurz vor dem Servieren über Suppen, Eintöpfe, Gemüse und Salate gestreut, verleihen diesen Gerichten durch ihre Würze eine besondere Note.

Kompotte und Marmeladen

In den vorliegenden Kompaß wurden sechs Beeren wegen ihrer besonderen Würzkraft oder ihres großen Nutzens für die Gesundheit mit aufgenommen. Für diese finden Sie auf den folgenden Seiten jeweils ein Spezialrezept. Verwertungstips für roh eßbare und gekocht eßbare Beeren enthält der »Beeren-Kompaß« (erschienen im Gräfe und Unzer Verlag).

Spezialrezepte

Beinwell – Foto und Steckbrief Seite 10
Ein wohlschmeckendes Gericht, das in vielen Haushalten gern gegessen wird, ist der Beinwell-Eierkuchen: Bereiten Sie einen Eierkuchenteig, vielleicht etwas dicker als gewöhnlich, tauchen Sie Beinwellblätter hinein und backen Sie sie in heißem Fett etwa 2 bis 3 Minuten aus. Mit Preiselbeerkompott serviert, schmecken diese Eierkuchen wunderbar.

Berberitze – Foto und Steckbrief Seite 11
Ein einfaches Rezept für eine haltbare Berberitzen-Fruchtmarmelade: 500 Gramm vollreife Berberitzen mit wenig Wasser weich kochen, durch ein Sieb passieren und mit der gleichen Menge Zucker noch einmal aufkochen lassen.
Diese Marmelade eignet sich besonders gut zum Mischen mit anderen fertigen, vor allem süßen Marmeladen.

Bitteres Schaumkraut – Foto und Steckbrief Seite 13
Das Bittere Schaumkraut nimmt sowohl im Hinblick auf seine

Beliebtheit als auch sein Aussehen eine Mittelstellung zwischen Brunnenkresse (→ Seite 16) und Wiesenschaumkraut (→ Seite 59) ein. Genaugenommen sind diese drei Kräuter gegeneinander austauschbar, es schadet daher nicht, wenn sie verwechselt werden. Im Geschmack ist die Brunnenkresse »edler« und »reiner«. Die gesunde Wirkung auf unsere Verdauung wird bei allen drei Kräutern durch ein Senfölglykosid bestimmt. Sie sind für die Frühjahrskur zu empfehlen, da ihre Scharf- und Bitterstoffe den ganzen Körperstoffwechsel anregen.

Brombeere – Foto und Steckbrief Seite 15
Der sehr heilsame Brombeersaft leistet vor allem Sängern und Rednern bei akuter Heiserkeit gute Dienste. Er bringt rasche Linderung, wenn man ihn schluckweise trinkt. Besonders wirksam ist der frische Preßsaft, aber auch Brombeersüßmost ist gut.

Brunnenkresse – Foto und Steckbrief Seite 16
Besonders gut schmeckt Brunnenkresse als Suppe:
Die Blätter mit kleingehackten Kartoffeln zusammen garen, das Ganze passieren, mit Pfeffer und Salz abschmecken und mit etwas Butter und Sahne (oder auch Quark) versetzen. Wieviel Brunnenkresse Sie verwenden, müssen Sie selbst ausprobieren; das ist Geschmackssache.

Große Brennessel – Foto und Steckbrief Seite 22
Schnell zubereitet ist dieses gesunde Gericht:
Brennesselblätter fein hacken. In wenig Wasser gar kochen. Das Wasser abgießen. Einen Eierkuchenteig aus Mehl, Milch und Eiern bereiten. Die abgetropften Blätter gut untermischen und die Eierkuchen in der Pfanne in Butter ausbacken. Mit Preiselbeer-, Holunder- oder Schlehenkompott servieren.

Hagebutte – Foto und Steckbrief Seite 25
So können Sie eine vielseitig verwendbare Hagebuttenmarmelade herstellen:
Die Früchte halbieren und entkernen, in einen Steintopf oder Porzellanbehälter geben und mit etwas Rotwein beträufeln. 6 bis 7 Tage an einem kühlen Ort stehen lassen, bis die Beeren weich sind; täglich umrühren. Die Masse durch ein Sieb streichen, abwiegen und mit der gleichen Menge Zucker so lange rühren, bis alles zu einem geleeartigen Brei gut vermengt ist. Aufkochen und heiß in vorbereitete Gläser füllen. In Rum getränktes Cellophanpapier auf die Gläser legen und zubinden.

Hirtentäschel – Foto und Steckbrief Seite 28
Hirtentäschel(kraut) paßt hervorragend zu Sauerampfer (→ Seite 45). Mein Rezept für ein schmackhaftes Gemüse aus beiden Kräutern:
Sauerampfer und Hirtentäschel (zu etwa gleichen Teilen) gut waschen, grob schneiden und mit wenig Butter gar dünsten. Eine kräftige Fleischbrühe zugeben und das Ganze mit Kartoffelpüree und etwas saurer Sahne andicken. Mit Muskat, Pfeffer, Thymian nach Geschmack würzen.

Holunder – Foto und Steckbrief Seite 29
Diese Marmelade ist gesund und wohlschmeckend:
250 Gramm Holunderbeeren mit etwa 10 entsteinten Zwetschgen und 2 bis 3 geschälten und kleingeschnittenen Birnen in einen Topf geben, 250 Gramm Zucker hinzufügen und das Ganze mit $^1/_4$ Liter Wasser so lange kochen, bis die Masse weich und sämig ist. Nach Belieben können Sie das Mus mit etwas Mehl andicken.

Hopfen – Foto und Steckbrief Seite 30
Hopfensprossen sind beliebt, denn sie gelten als stärkend und aktivierend. Ein schmackhafter Salat wird so bereitet:
Junge Hopfensprossen in Salzwasser weich kochen, in ein Sieb geben und mit kaltem Wasser übergießen. Aus Essig und Öl, Salz, Pfeffer und Zwiebeln eine Salatsauce bereiten, die Hopfensprossen einlegen und den Salat nach etwa 2 Stunden servieren.
Blätter und Sprossen schmecken auch gut, wenn sie in Eierkuchenteig ausgebacken werden.

Huflattich – Foto und Steckbrief Seite 31
Wenn Sie gerne Kohlrouladen essen, schmecken Ihnen sicher auch Huflattichrouladen: Ersetzen Sie die Kohlblätter einfach durch Huflattichblätter.

Kerbel – Foto und Steckbrief Seite 32
Kerbelsuppe wird in unendlich vielen Variationen bereitet und besonders im Frühjahr häufig gegessen. Hier mein Rezept:
Eine helle Mehlschwitze mit kräftiger Fleischbrühe löschen, mit wenig Salz abschmecken, saure Sahne unterrühren und kurz vor dem Servieren viel feingehackten Kerbel hineingeben.

Klette – Foto und Steckbrief Seite 33
Wenn man Stengel und Wurzel der Klette schält, bleibt ein sehr

wohlschmeckendes Mark übrig. Wurzel- und Stengelmark ergeben ein wohlschmeckendes Gemüse:
Das Klettenmark in Wasser mit etwas Natron 10 Minuten kochen lassen, das Wasser abgießen. Die Masse in wenig kräftiger Fleischbrühe noch einmal kurz aufkochen lassen, mit Salz, Pfeffer und etwas Muskat abschmecken, etwas Butter hinzufügen, mit wenig Mehl bestäuben. Klettengemüse zu Gerichten aus dunklem Fleisch servieren.

Linde – Foto und Steckbrief Seite 35
Ein Sandwich mit Lindenblättern, der Kindern besonders gut schmeckt, wird folgendermaßen bereitet:
2 dünne Scheiben Schwarzbrot mit etwas Zitronensaft beträufeln, mit ungesalzener Butter oder Margarine bestreichen und mit jungen, gewaschenen Lindenblättern belegen. Je nach Geschmack kann man die Blätter auch auf eine Scheibe Käse oder Wurst geben.

Nachtkerze – Foto und Steckbrief Seite 40
Die Nachtkerzenwurzel ergibt ein Gemüse mit nicht alltäglichem Geschmack. Sie wird gut gewaschen, geschabt, gargekocht und dann wie Schwarzwurzel oder Sellerie angerichtet. Sehr empfehlenswert ist auch ein Salat:
Die Wurzel in Salzwasser gar kochen, in Scheiben oder Streifen schneiden. Eine Salatsauce aus Essig, Öl und vielen Gewürzkräutern wie Dill, Schafgarbe, Quendel bereiten und die Wurzelstücke untermischen.

Pastinak – Foto und Steckbrief Seite 41
Zwei nicht nur von mir geschätzte Arten, Pastinak zuzubereiten:
Die Pastinakwurzel waschen, schälen, in Stücke schneiden und in Fleischbrühe garen. Das kann mitunter sehr lange dauern. Dann die Wurzelstücke im Mixer pürieren und mit Muskat, Salz und Pfeffer abschmecken. Zu Grillfleisch servieren.
Oder: Die Pastinakwurzel waschen, schälen und in Salzwasser garen. In mitteldicke Scheiben schneiden und in Eierkuchenteig wälzen. In heißem Öl oder Schmalz ausbacken. Zu Geflügel oder Fisch servieren.

Preiselbeere – Foto und Steckbrief Seite 42
Hier ein bewährtes Rezept für Preiselbeerkompott:
1½ Kilo verlesene und gewaschene Preiselbeeren mit ¼ Liter Weißwein und ebenso viel Wasser versetzen. 625 Gramm Zuk-

ker zugeben und unter Abschäumen etwa 20 Minuten kochen lassen, bis die Beeren glasig-durchsichtig aussehen. Die Beeren mit einem Schaumlöffel herausnehmen und den Saft noch etwa 10 Minuten lang einkochen lassen. Anschließend den heißen Saft wieder über die Beeren gießen und so lange schütteln, bis er sich gleichmäßig verteilt hat. Das Kompott in Gläser füllen, zubinden.
Preiselbeeren eignen sich hervorragend als Wildfleischbeilage und sind lange haltbar.

Schlehdorn – Foto und Steckbrief Seite 48
Eine wohlschmeckende, gesunde Schlehenmarmelade ergibt das folgende Rezept:
Die Schlehen waschen und mit frischem kaltem Wasser übergießen, in dem sie über Nacht liegen bleiben. Dann das Wasser abgießen und den Früchten Wein und frisches Wasser zusetzen (pro Kilo Schlehen ¼ Liter Weißwein und ⅛ Liter Wasser). Unter ständigem Rühren weich kochen. Nach dem Erkalten die Schlehen durch ein Sieb schlagen und das Mus abwiegen. Pro Kilo Schlehenmus ¼ Liter Wein und 325 Gramm Zucker zugeben. Das Ganze zu Marmelade einkochen. Anstelle von Wein kann in jedem Fall auch Essig (3%) verwendet werden.
Einen Schlehensaft bereiten Sie am besten so:
Die gewaschenen Schlehen in einen Steintopf füllen und so viel kochendes Wasser zugießen, daß die Früchte gerade bedeckt sind. Jeweils am nächsten und am übernächsten Tag Flüssigkeit abnehmen, aufkochen und wieder auf die Früchte gießen. Den auf diese Weise gewonnenen Saft mit Zucker durchkochen, sofort in saubere Flaschen füllen und diese gut verschließen.

Sumpfdotterblume – Foto und Steckbrief Seite 50
Die jungen Knospen der Sumpfdotterblume werden häufig als Gewürz (wie Kapern) verwendet. Man verarbeitet sie folgendermaßen:
¼ Liter Haushaltsessig und 1 bis 2 Teelöffel Kochsalz mischen, die frischen Knospen der Sumpfdotterblume hineingeben. Nach etwa 5 bis 10 Tagen kann man sie ganz oder zerdrückt wie Kapern zum Würzen verschiedener Gerichte (vornehmlich Eierspeisen und Tartar) verwenden. Etwa 5 Knospen pro Person reichen aus; bitte nicht überdosieren!

Wiesenbocksbart – Foto und Steckbrief Seite 55
Die Wurzel müssen Sie zunächst mit heißem Wasser überbrühen und die schwarze Haut abziehen. Dann können Sie sie wie

Spargel zubereiten und verwenden. Besonders gut paßt Rührei dazu, gewürzt mit Wildkräutern wie Schafgarbe (→ Seite 46), Löwenzahn (→ Seite 37), Hederich (→ Seite 26), Brunnenkresse (→ Seite 16), die Sie fein gehackt vor dem Braten unter die Eimasse ziehen.

Wiesenschaumkraut – Foto und Steckbrief Seite 59
Ein Rezept für Ihre Frühjahrskur:
1/8 Liter Milch, 1 geteilten und entkernten Apfel mit Schale, den Saft von 1 Zitrone und 3 Orangen sowie jeweils 20 Gramm Blätter von Löwenzahn (→ Seite 37), Wiesenschaumkraut und Brunnenkresse (→ Seite 16) in einen Mixer geben und pürieren. Dieses Getränk schmeckt leicht bitter, regt an und erfrischt. Wenn Sie 1 Eßlöffel Honig hinzufügen, kann es sogar eine ganze Mahlzeit ersetzen.
Sollte Ihnen die Mischung zu bitter schmecken, schlage ich folgende Zusammensetzung der Kräuter vor:
10 Gramm Löwenzahn, 10 Gramm Wiesenschaumkraut, 20 Gramm Sauerampfer (→ Seite 45), 20 Gramm Brunnenkresse. Mit den restlichen Zutaten verfahren Sie wie oben beschrieben.

Redaktionsleitung: Hans Scherz
Lektorat: Susi Piroué, München
Zeichnungen: Adolf Neuhofer, Perasdorf
Einbandgestaltung: Constanze Reithmayr-Frank
Offsetreproduktion und Druck:
Graphische Anstalt E. Wartelsteiner, Garching
Bindung: Druckerei Ludwig Auer, Donauwörth
ISBN 3-7742-4214-3
Die Fotografen:
ormann: 59 – Dr. Cuveland: 21, 28, 35, 53, 54 – Dähncke: 25 – Eichinger: 4, 11, 13, 19, 29, 31, 34, 43, 51 – Eisenbeiß: 16, 41 – Eßer: U 1, 45, 55, 6 – Kohlhaupt: 20 – Kronfeldner: 26, 40 – Photo-Center: 9, 18, 54, 60 – euter: 12, 22 – Ruckstuhl: 17, 49, 50 – Scherz: 37, 52 – Schimmitat: 10, 5, 23, 30, 32, 33, 36, 38, 44, 46, 47, 48, 58 – Schrempp: 8, 24, 57 – Wothe: 14, 27, 39, 42.

Einstecken – Natur entdecken

GU-Kompasse – die neuen Naturführer. Supergroß im Inhalt und so schön handlich-klein. Passen garantiert in jede Hemd- und Hosentasche – und ins Urlaubsgepäck!

Alle hier vorgestellten GU-Kompasse sind in gleicher Ausstattung, wie dieser Kompaß und zum gleichen Preis erhältlich – überall, wo es Bücher gibt.

Gräfe und Unzer Verlag